```
AF187423
```

Impressum
Verlag: BABADADA GmbH, Nedderfeld 112 , 22529 Hamburg
Geschäftsführer / Verlagsleitung: Harald Hof
Druck: Books on Demand GmbH, In de Tarpen 42, 22848 Norderstedt

Imprint
Publisher: BABADADA GmbH, Nedderfeld 112 , 22529 Hamburg, Germany
Managing Director / Publishing direction: Harald Hof
Print: Books on Demand GmbH, In de Tarpen 42, 22848 Norderstedt, Germany

escuela
skola

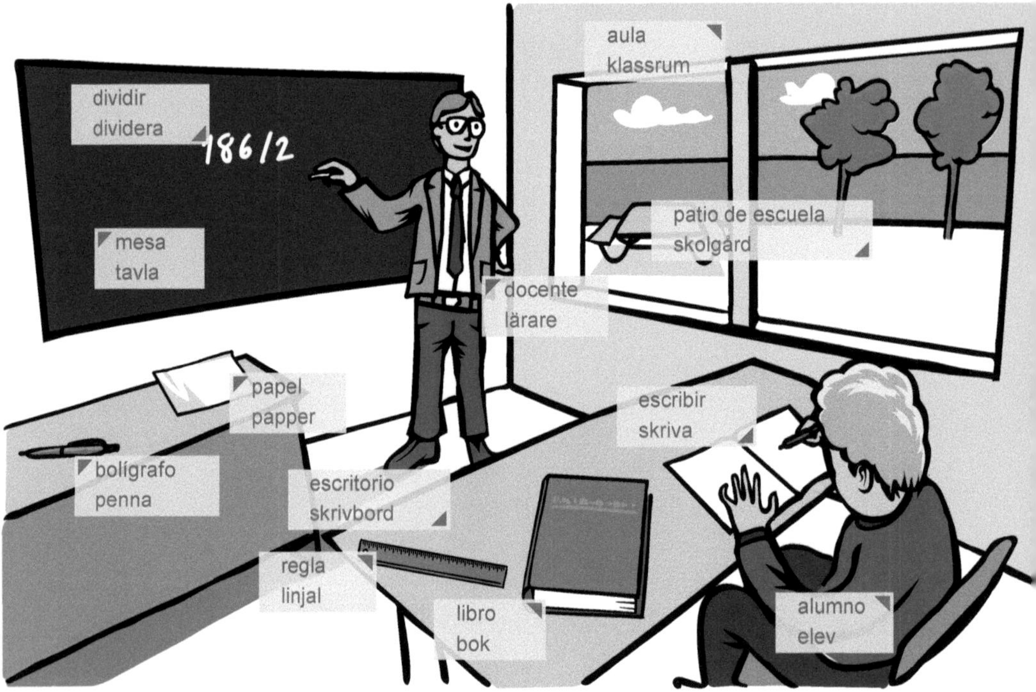

dividir
dividera
186/2
aula
klassrum
mesa
tavla
patio de escuela
skolgård
docente
lärare
papel
papper
escribir
skriva
bolígrafo
penna
escritorio
skrivbord
regla
linjal
libro
bok
alumno
elev

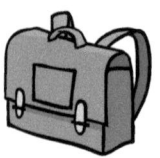

mochila escolar
skolväska

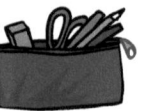

caja de lápices
pennfodral

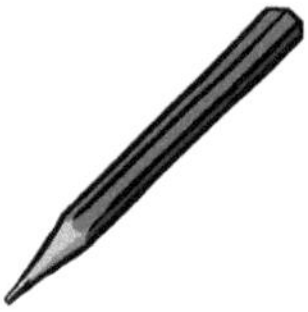

lápiz
blyertspenna

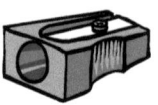

sacapuntas
pennvässare

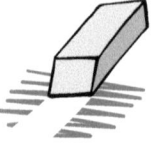

goma de borrar
suddgummi

bloc de dibujo
ritblock

dibujo
teckning

pincel
pensel

caja de pinturas
målarlåda

tijera
sax

pegamento
lim

libro de ejercicios
övningsbok

tarea
hemläxa

número
tal

sumar
addera

restar
subtrahera

multiplicar
multiplicera

calcular
räkna

letra
bokstav

ABCDEFG
HIJKLMN
OPQRSTU
VWXYZ

alfabeto
alfabet

palabra
ord

texto

text

leer

läsa

tiza

krita

lección

lektion

libro de clase

register

examen

prov

certificado

intyg

uniforme escolar

skoluniform

educación

utbildning

enciclopedia

uppslagsverk

universidad

universitet

microscopio

mikroskop

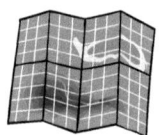

mapa

karta

cesto de papeles

papperskorg

viaje

resa

hotel
hotell
Grand
albergue
vandrarhem
ROOMS
casa de cambio
växelkontor
maleta
resväska
auto
bil

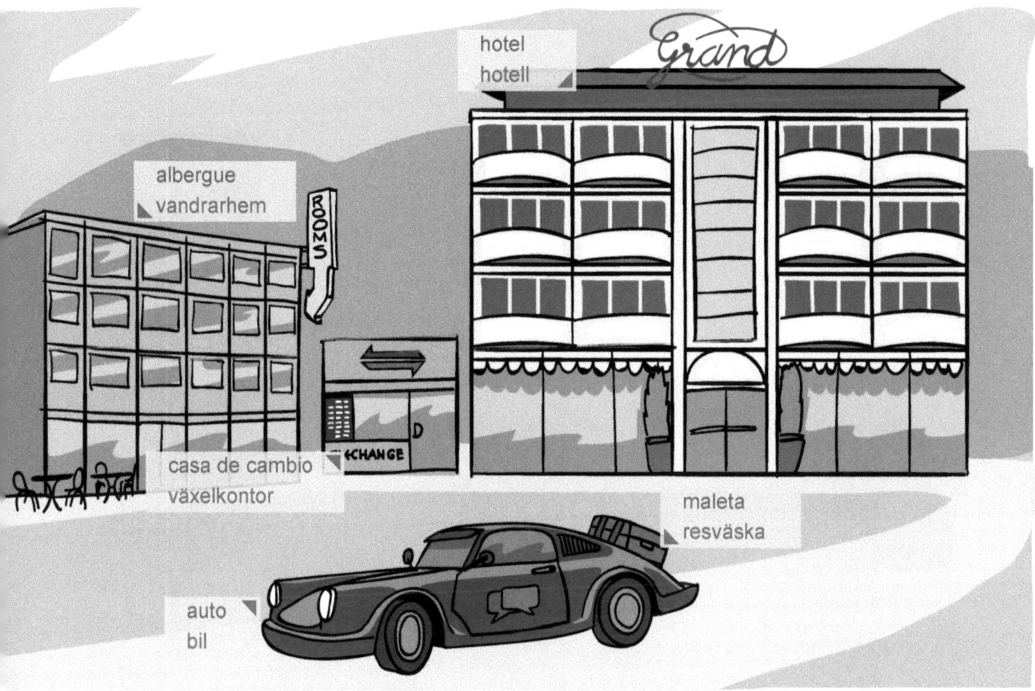

idioma

språk

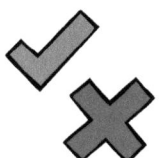

sí / no

ja / nej

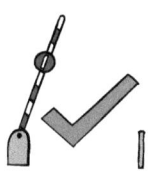

ok

Okay

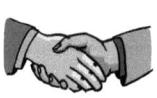

hola

hej

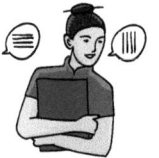

intérprete

översättare

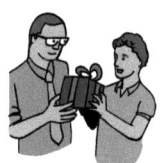

gracias

Tack

¿Cuánto cuesta...?

hur mycket kostar...?

No entiendo

jag förstår inte

problema

problem

¡Buenas tardes!

God kväll!

¡Buenos días!

God morgon!

¡Buenas noches!

God natt!

adiós

hejdå

dirección

riktning

equipaje

bagage

bolso

väska

mochila

ryggsäck

invitado

gäst

cuarto

rum

saco de dormir

sovsäck

tienda de campaña

tält

información al turista

turistinformation

playa

strand

tarjeta de crédito

kreditkort

desayuno

frukost

almuerzo

lunch

cena

middag

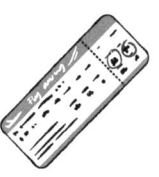

pasaje

biljett

ascensor

hiss

sello

frimärke

límite

gräns

aduana

tull

embajada

ambassad

visa

visum

pasaporte

pass

transporte
transport

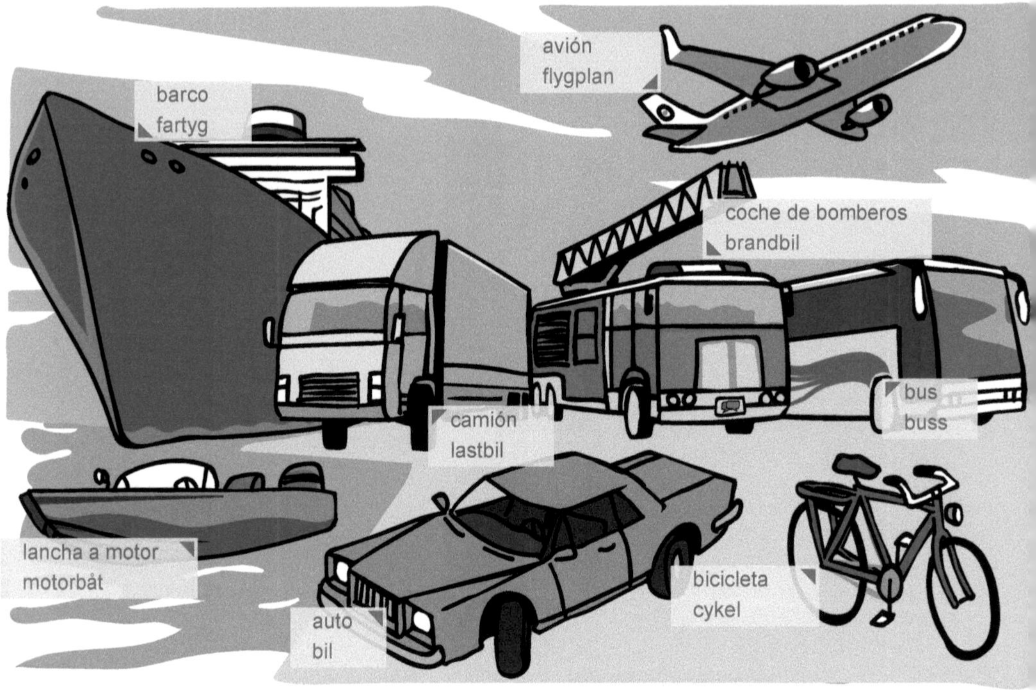
avión
flygplan
barco
fartyg
coche de bomberos
brandbil
bus
buss
camión
lastbil
lancha a motor
motorbåt
bicicleta
cykel
auto
bil

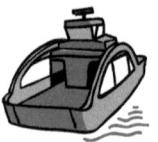

balsa

färja

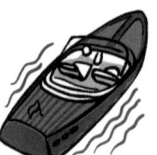

lancha

båt

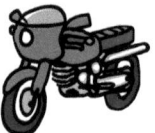

motocicleta

motorcykel

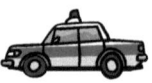

auto de policía

polisbil

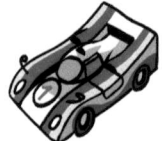

auto de carreras

racerbil

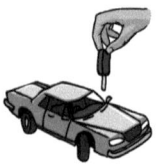

auto de alquiler

hyrbil

alquiler de autos

bilpool

grúa

bärgningsbil

vehículo recolector de basura

sopbil

motor

motor

gasolina

bränsle

gasolinera

bensinstation

señal de tráfico

vägmärke

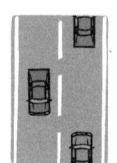

tránsito

trafik

atasco

bilkö

estacionamiento

parkeringsplats

estación de tren

tågstation

carril

räls

tren

tåg

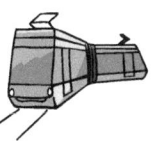

tranvía

spårvagn

vagón

vagn

helicóptero

helikopter

aeropuerto

flygplats

torre

torn

pasajero

passagerare

contenedor

container

caja de cartón

kartong

carro

vagn

cesta

korg

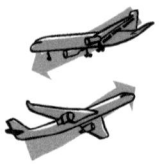

despegar / aterrizar

starta / landa

ciudad

stad

aldea

by

centro de la ciudad

centrum

casa

hus

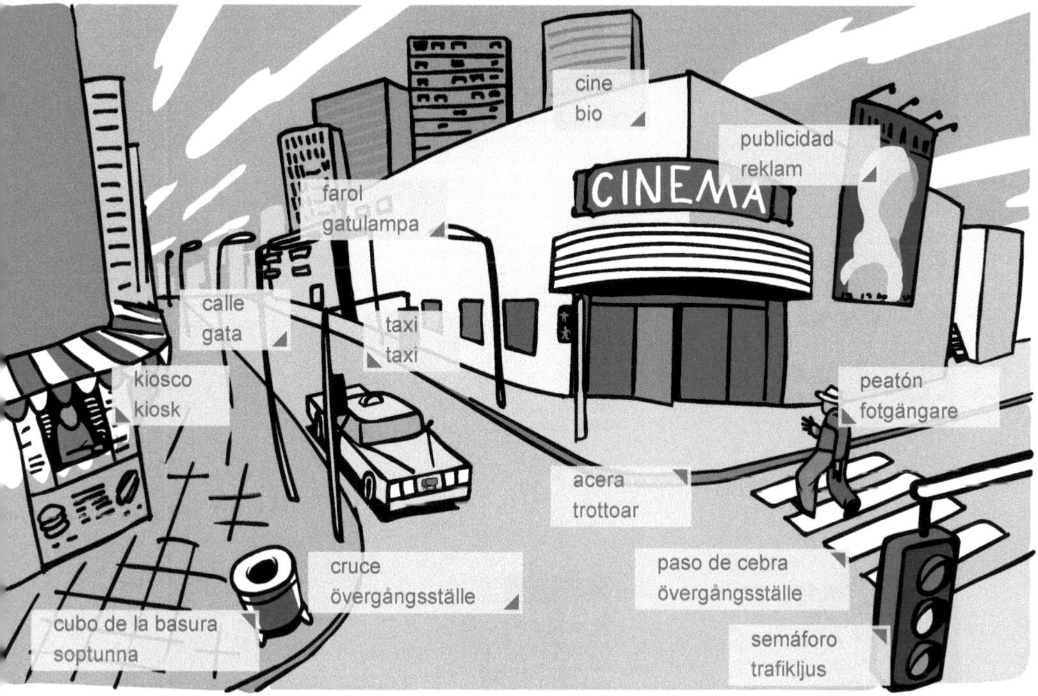

cine
bio

publicidad
reklam

farol
gatulampa

calle
gata

taxi
taxi

kiosco
kiosk

peatón
fotgängare

acera
trottoar

cruce
övergångsställe

paso de cebra
övergångsställe

cubo de la basura
soptunna

semáforo
trafikljus

cabaña

stuga

apartamento

lägenhet

estación de tren

tågstation

ayuntamiento

stadshus

museo

museum

escuela

skola

ciudad - stad

universidad
universitet

banco
bank

hospital
sjukhus

hotel
hotell

farmacia
apotek

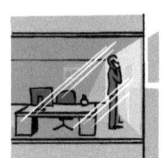
oficina
kontor

librería
bokhandel

negocio
affär

florería
blomsterbutik

supermercado
stormarknad

mercado
marknad

grandes almacenes
varuhus

pescadería
fiskhandlare

centro comercial
köpcentrum

puerto
hamn

ciudad - stad

parque
park

banco
bänk

puente
brygga

escalera
trappa

metro
tunnelbana

túnel
tunnel

parada de autobuses
busshållplats

bar
bar

restaurante
restaurang

buzón de correo
brevlåda

letrero
gatuskylt

parquímetro
parkeringsautomat

zoológico
zoo

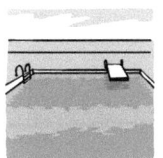

piscina
simbassäng

mezquita
moské

granja
bondgård

polución
förorening

cementerio
kyrkogård

iglesia
kyrka

parque infantil
lekplats

templo
tempel

paisaje
landskap

hoja
löv

indicador de camino
vägskylt

sendero
väg

pradera
äng

piedra
sten

caminante
liftare

árbol
träd

río
flod

pasto
gräs

flor
blomma

valle
dal

montaña
kulle

lago
sjö

bosque
skog

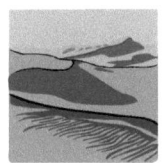

desierto
öken

volcán
vulkan

castillo
slott

arco iris
regnbåge

seta
svamp

palmera
palm

mosquito
mygga

mosca
fluga

hormiga
myra

abeja
bi

araña
spindel

escarabajo

skalbagge

rana

groda

ardilla

ekorre

erizo

igelkott

liebre

hare

lechuza

uggla

pájaro

fågel

cisne

svan

jabalí

vildsvin

ciervo

rådjur

alce

älg

embalse

damm

aerogenerador

vindkraftverk

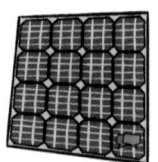

módulo solar

solcellspanel

clima

klimat

camarero
servitör

carta del menú
meny

silla
stol

sopa
soppa

pizza
pizza

cubiertos
bestick

mantel
bordsduk

entrada
förrätt

plato principal
huvudrätt

postre
dessert

bebida
drycker

comida
mat

botella
flaska

comida rápida
snabbmat

comida callejera
street food

tetera
tekanna

azucarera
sockerskål

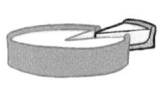

porción
portion

máquina de espresso
espressomaskin

silla alta
barnstol

factura
räkning

bandeja
bricka

cuchillo
kniv

tenedor
gaffel

cuchara
sked

cuchara de té
tesked

servilleta
servett

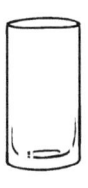

vaso
glas

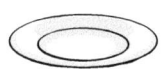

plato
tallrik

plato de sopa
sopptallrik

platillo
tefat

salsa
sås

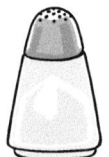

salero
saltkar

molinillo para pimienta
pepparkvarn

vinagre
vinäger

aceite
olja

especias
kryddor

ketchup
ketchup

mostaza
senap

mayonesa
majonnäs

supermercado
stormarknad

oferta
specialerbjudande
FOR
cliente
kund
productos lácteos
mejeriprodukter
fruta
frukt
carrito de compras
varukorg

BUTCHERS

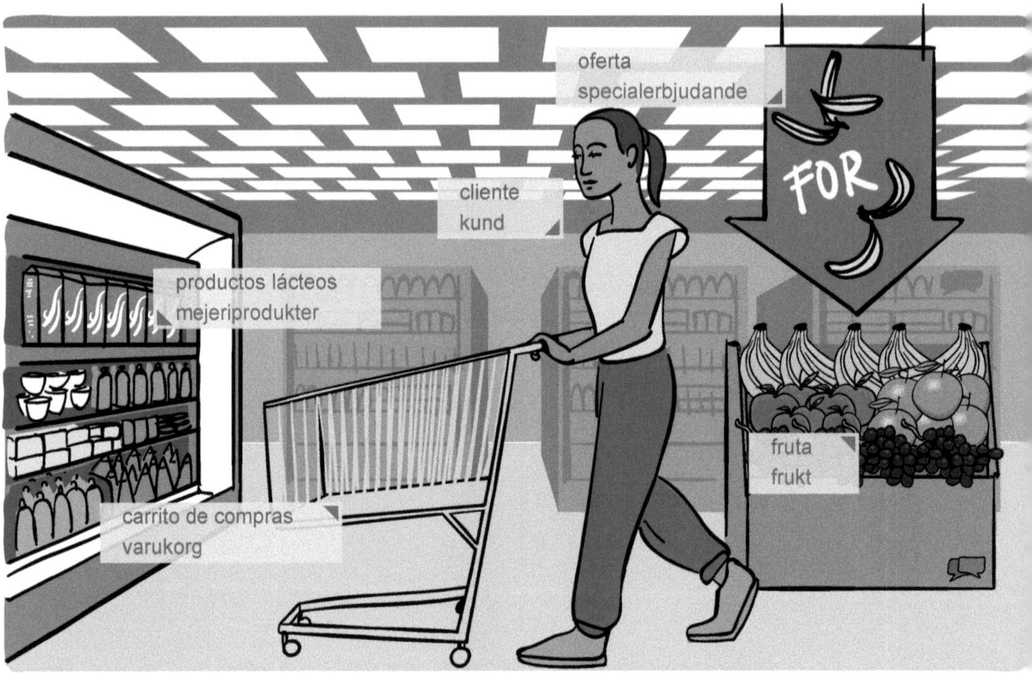

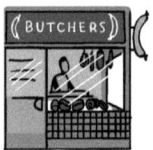

carnicería

charkuteri

BAKERY

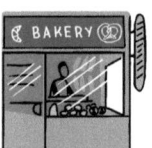

panadería

bageri

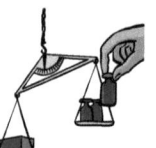

pesar

väga

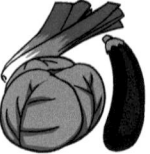

verdura

grönsaker

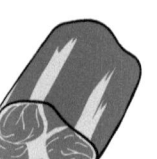

carne

kött

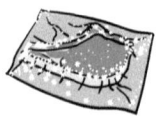

alimentos congelados

frysta livsmedel

fiambre
pålägg

conservas
konserver

detergente en polvo
tvättmedel

dulces
godis

artículos domésticos
hushållsprodukter

productos de limpieza
rengöringsmedel

vendedora
försäljare

caja
kassa

cajero
kassör

lista de compras
inköpslista

horario de atención
öppettider

cartera
plånbok

tarjeta de crédito
kreditkort

maleta
väska

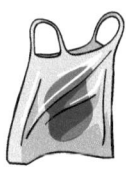

bolsa plástica
plastpåse

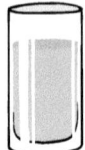

agua

vatten

jugo

juice

leche

mjölk

refresco de cola

cola

vino

vin

cerveza

öl

alcohol

alkohol

cacao

kakao

té

te

café

kaffe

espresso

espresso

cappuccino

cappuccino

banana

banan

manzana

äpple

naranja

apelsin

sandía

melon

limón

citron

zanahoria

morot

ajo

vitlök

bambú

bambu

cebolla

lök

seta

svamp

nueces

nötter

fideos

nudlar

espagueti

spaghetti

arroz

ris

ensalada

sallad

patatas fritas

pommes frites

patatas salteadas

stekt potatis

pizza

pizza

hamburguesa

hamburgare

sándwich

smörgås

escalope

schnitzel

jamón

skinka

salame

salami

embutido

korv

pollo

kyckling

asado

stek

pescado

fisk

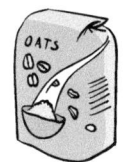

copos de avena

havregryn

musli

müsli

copos de maíz tostado

cornflakes

harina

mjöl

croissant

croissant

panecillo

fralla

pan

bröd

tostada

rostat bröd

galletas

kex

mantequilla

smör

cuajada

kvarg

pastel

kaka

huevo

ägg

huevo frito

stekt ägg

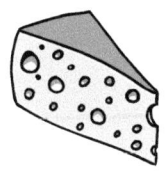

queso

ost

helado

glass

azúcar

socker

miel

honung

mermelada

sylt

praliné

nougatkräm

curry

curry

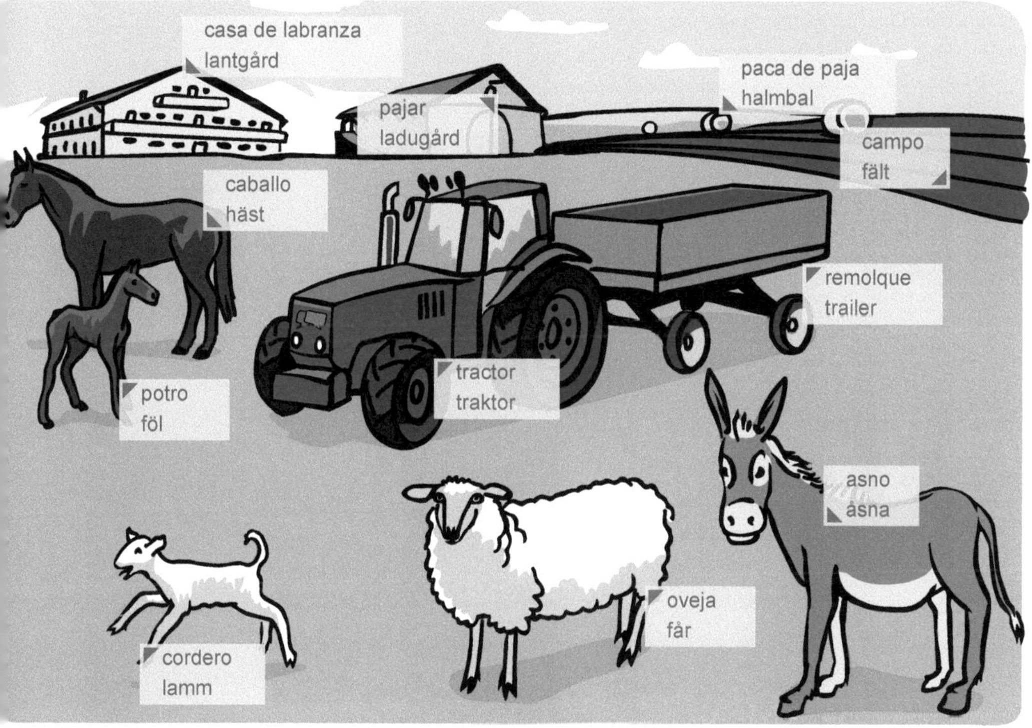

casa de labranza
lantgård

pajar
ladugård

paca de paja
halmbal

campo
fält

caballo
häst

remolque
trailer

potro
föl

tractor
traktor

asno
åsna

cordero
lamm

oveja
får

cabra

get

vaca

ko

ternero

kalv

cerdo

gris

lechón

griskulting

toro

tjur

ganso
gås

pato
anka

polluelo
kyckling

pollo
höna

gallo
tupp

rata
råtta

gato
katt

ratón
mus

buey
oxe

perro
hund

caseta del perro
hundkoja

manguera de riego
trädgårdsslang

regadera
vattenkanna

guadaña
lie

arado
plog

hoz

skära

azada

hacka

bieldo

högaffel

hacha

yxa

carretilla

skottkärra

abrevadero

tråg

lechera

mjölkflaska

saco

säck

cerca

staket

establo

stall

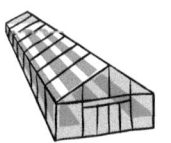

invernadero

växthus

suelo

jord

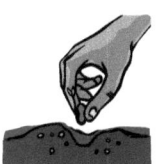

semilla

säd

fertilizante

gödsel

cosechadora

skördetröska

cosechar

skörda

cosecha

skörd

raíz de ñame

jams

trigo

vete

soja

soja

patata

potatis

maíz

majs

colza

raps

Árbol frutal

fruktträd

mandioca

maniok

cereales

spannmål

casa
hus

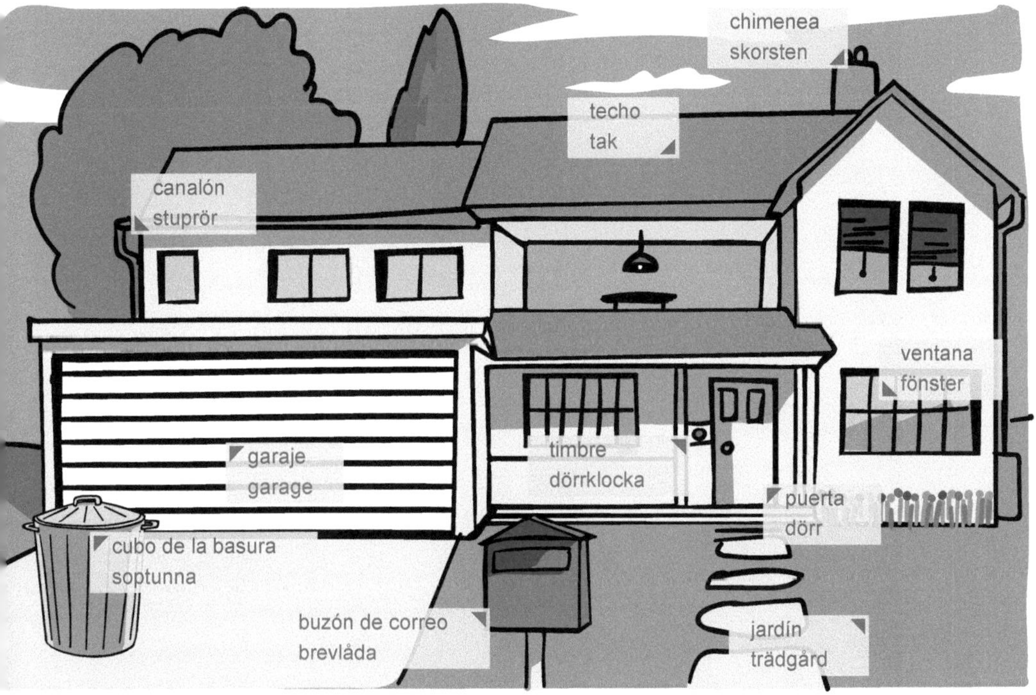

chimenea
skorsten
techo
tak
canalón
stuprör
ventana
fönster
garaje
garage
timbre
dörrklocka
puerta
dörr
cubo de la basura
soptunna
buzón de correo
brevlåda
jardín
trädgård

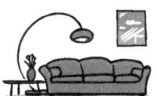

cuarto de estar
vardagsrum

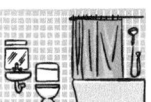

cuarto de baño
badrum

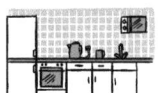

cocina
kök

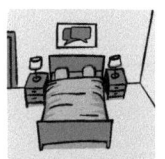

dormitorio
sovrum

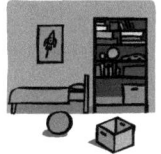

cuarto de los niños
barnrum

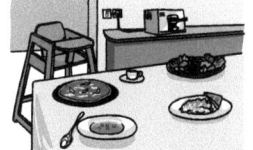

comedor
matsal

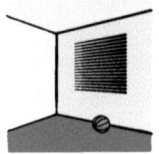

piso
golv

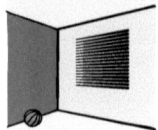

pared
vägg

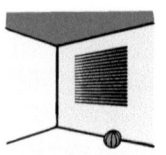

cielorraso
tak

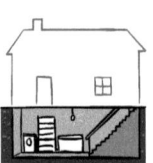

sótano
källare

sauna
bastu

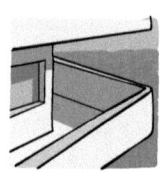

balcón
balkong

terraza
terrass

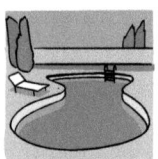

piscina
bassäng

cortacésped
gräsklippare

funda nórdica
lakan

edredón
överkast

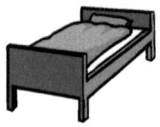

cama
säng

escoba
kvast

cubo
hink

interruptor
strömbrytare

cuarto de estar
vardagsrum

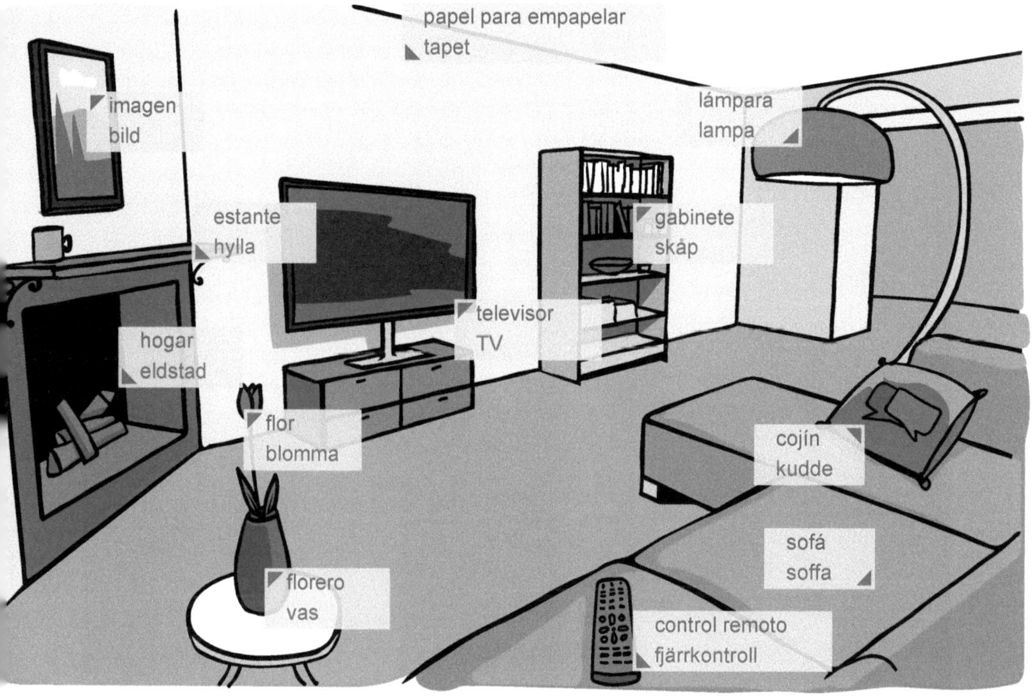

papel para empapelar
tapet
imagen
bild
lámpara
lampa
estante
hylla
gabinete
skåp
televisor
TV
hogar
eldstad
flor
blomma
cojín
kudde
sofá
soffa
florero
vas
control remoto
fjärrkontroll

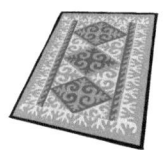

alfombra

matta

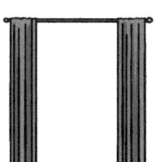

cortina

gardin

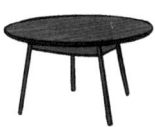

mesa

bord

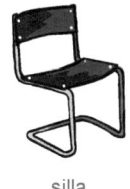

silla

stol

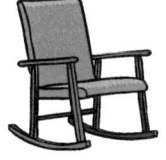

mecedora

gungstol

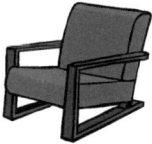

sillón

fåtölj

libro
bok

frazada
filt

decoración
dekoration

leña
vedträ

film
film

equipo estereofónico
stereoanläggning

llave
nyckel

periódico
dagstidning

cuadro
målning

póster
poster

radio
radio

bloc de notas
anteckningsbok

aspiradora
dammsugare

cactus
kaktus

vela
stearinljus

cocina
kök

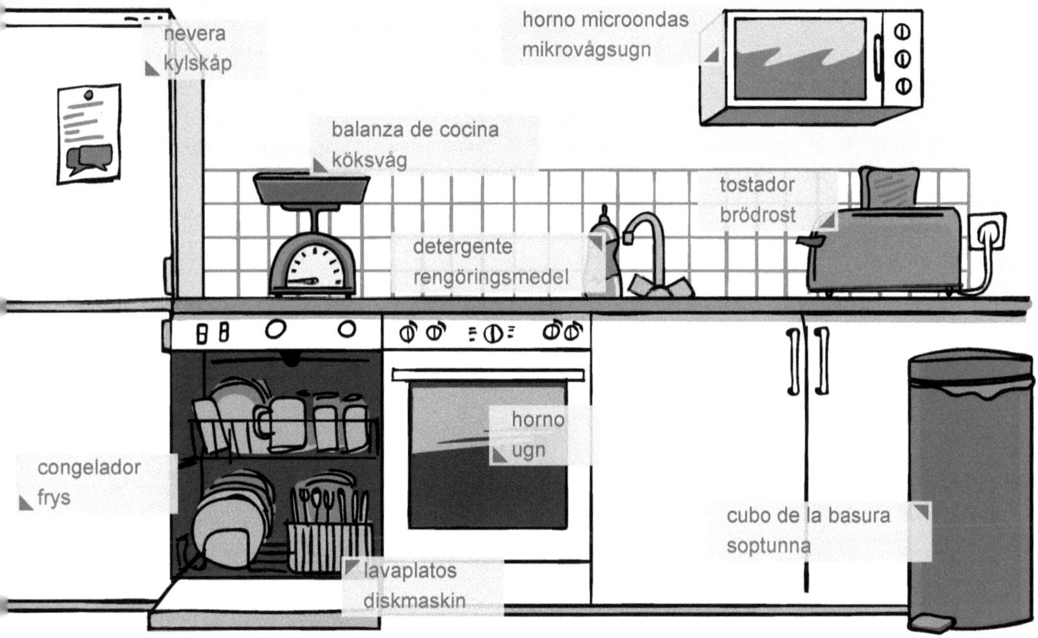

nevera
kylskåp
horno microondas
mikrovågsugn
balanza de cocina
köksvåg
tostador
brödrost
detergente
rengöringsmedel
horno
ugn
congelador
frys
cubo de la basura
soptunna
lavaplatos
diskmaskin

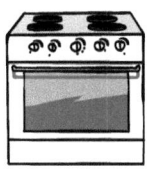

cocina
spis

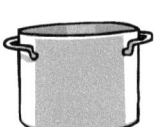

olla
kastrull

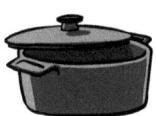

olla de fundición de hierro
järngryta

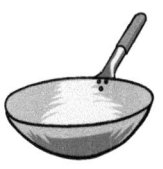

wok / kadai
wok / kadai

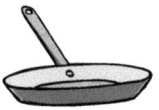

sartén
stekpanna

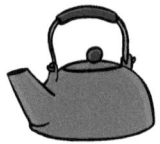

hervidor de agua
vattenkokare

olla de vapor	bandeja de horno	vajilla
ångkokare	bakplåt	porslin

vaso	bol	palillos para comer
mugg	skål	ätpinnar

cucharón de sopa	espátula	batidor
soppslev	stekspade	visp

colador	cedazo	rallador
durkslag	sil	rivjärn

mortero	parrillada	fogata
mortel	grill	brasa

tabla de picar
skärbräda

rodillo
kavel

sacacorchos
korkskruv

lata
burk

abrelatas
burköppnare

agarrador
grytlapp

fregadero
vask

cepillo
borste

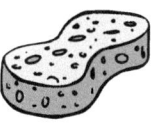

esponja
svamp

batidora
mixer

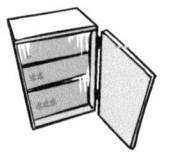

arcón congelador
frys

biberón
nappflaska

grifo
kran

cuarto de baño
badrum

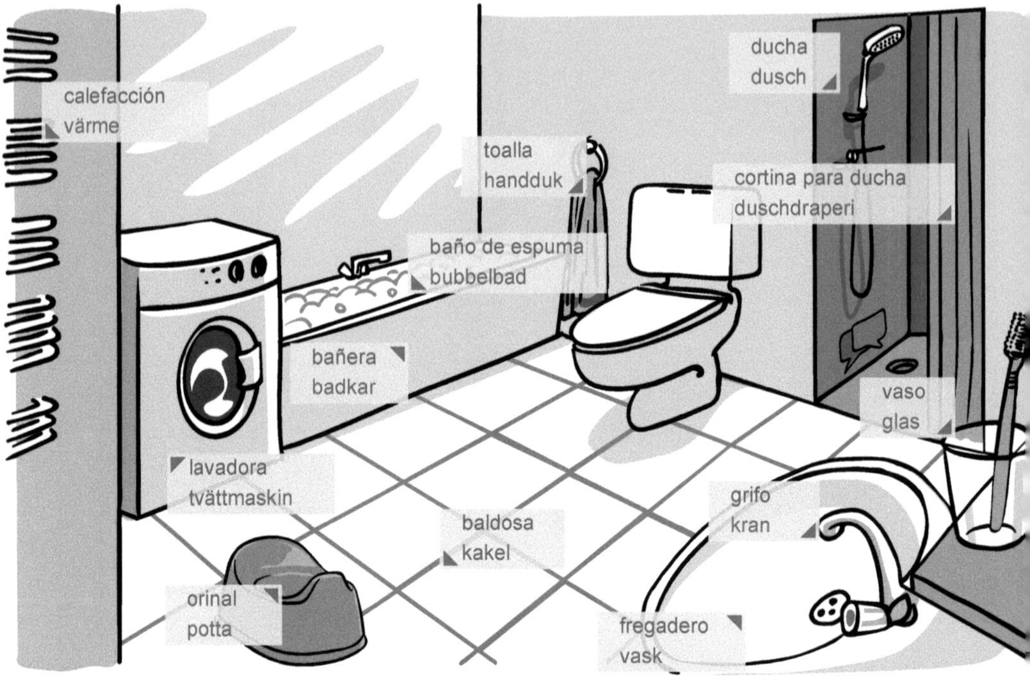

calefacción
värme
ducha
dusch
toalla
handduk
cortina para ducha
duschdraperi
baño de espuma
bubbelbad
bañera
badkar
vaso
glas
lavadora
tvättmaskin
grifo
kran
baldosa
kakel
orinal
potta
fregadero
vask

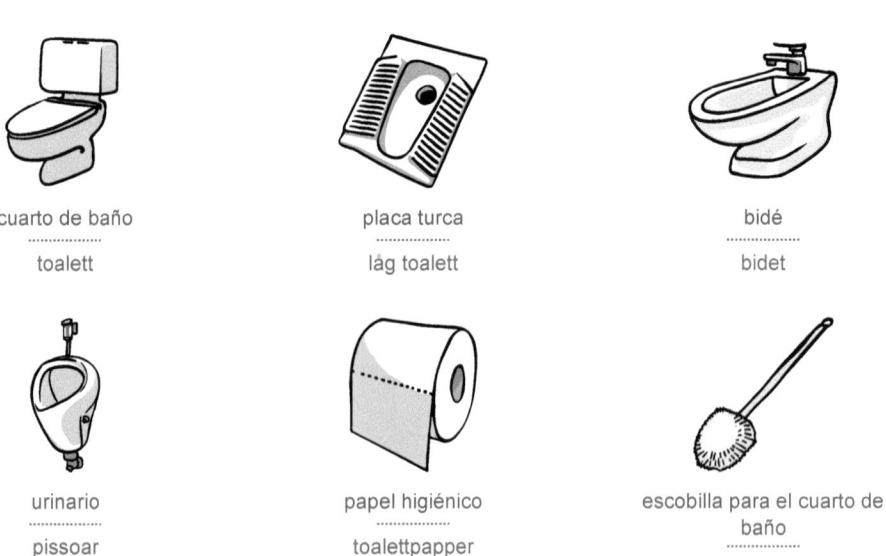

cuarto de baño

toalett

placa turca

låg toalett

bidé

bidet

urinario

pissoar

papel higiénico

toalettpapper

escobilla para el cuarto de baño

toalettborste

cepillo de dientes

tandborste

pasta dentífrica

tandkräm

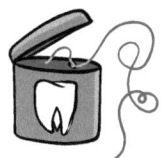

seda dental

tandtråd

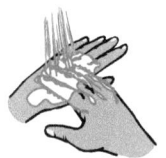

lavar

tvätta

ducha teléfono

handdusch

ducha higiénica

intimdusch

cuenco

handfat

cepillo para la espalda

ryggborste

jabón

tvål

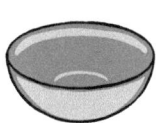

gel de ducha

duschgel

champú

schampo

manopla para baño

trasa

desagüe

avlopp

crema

crème

desodorante

deodorant

espejo

spegel

espejo de maquillaje

handspegel

máquina de afeitar

rakhyvel

espuma de afeitar

raklödder

loción para después del afeitado

rakvatten

peine

kam

cepillo

borste

secador para cabello

hårtork

laca de peinado

hårspray

maquillaje

smink

lápiz labial

läppstift

laca para uñas

nagellack

algodón

bomullsvadd

tijera para uñas

nagelsax

perfume

parfym

neceser

necessär

taburete

pall

balanza

våg

bata de baño

badrock

guantes de goma

gummlhandskar

tampón

tampong

compresa

binda

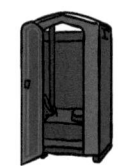

wáter químico

kemisk toalett

cuarto de los niños
barnrum

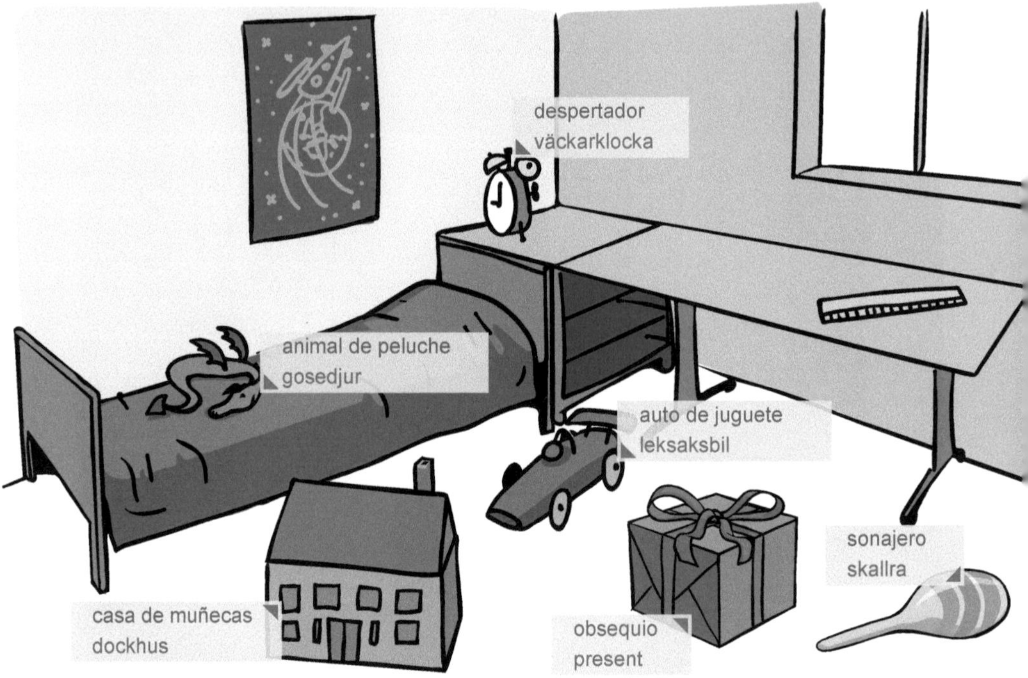
despertador
väckarklocka
animal de peluche
gosedjur
auto de juguete
leksaksbil
sonajero
skallra
casa de muñecas
dockhus
obsequio
present

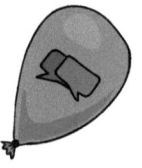

globo

ballong

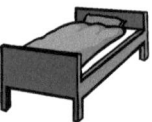

cama

säng

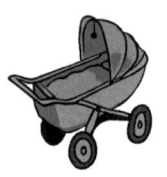

cochecito para niños

barnvagn

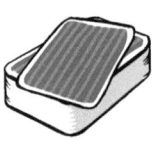

juego de barajas

kortlek

rompecabezas

pussel

SUPER
MEGA

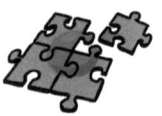

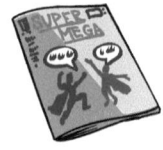

cómic

serietidning

piezas de Lego

legobitar

bloques para jugar

klossar

figura de acción

actionfigur

pijama de una pieza

sparkdräkt

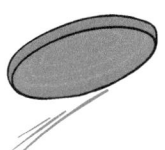

frisbee

frisbee

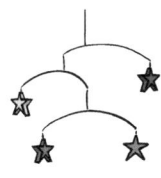

móvil

mobil

juego de mesa

brädspel

dado

tärning

tren eléctrico a escala

modelljärnväg

chupete

napp

fiesta

party

libro de dibujos

bilderbok

pelota

boll

títere

docka

jugar

spela

arenero

sandlåda

columpio

gunga

juguetes

leksaker

consola de videojuego

spelkonsol

triciclo

trehjuling

osito de peluche

nalle

guardarropa

garderob

vestimenta
kläder

calcetines

sockar

medias

strumpor

panti

tights

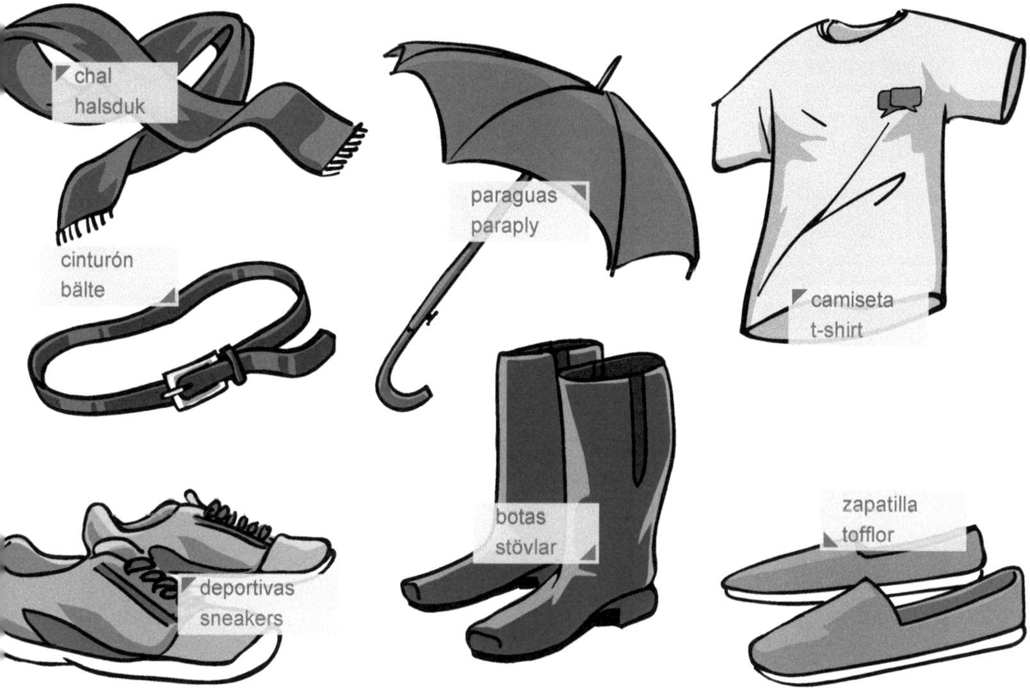

chal
halsduk

paraguas
paraply

camiseta
t-shirt

cinturón
bälte

botas
stövlar

zapatilla
tofflor

deportivas
sneakers

sandalias
sandaler

zapatos
skor

botas de goma
gummistövlar

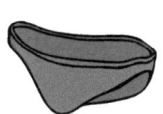

ropa interior
underbyxor

corpiño
BH

camiseta
linne

vestimenta - kläder

body

body

pantalón

byxor

jeans

jeans

falda

kjol

blusa

blus

camisa

skjorta

pullover

pullover

sweater

sweater

blazer

blazer

chaqueta

jacka

abrigo

kappa

impermeable

regnjacka

traje chaqueta

dräkt

vestido

klänning

vestido de bodas

bröllopsklänning

traje

kostym

camisón

nattlinne

pijama

pyjamas

sari

sari

pañuelo de cabeza

slöja

turbante

turban

burka

burka

caftán

kaftan

abaya

abaya

traje de baño

baddräkt

bañador

badbyxor

shorts

shorts

chándal

träningsoverall

delantal

förkläde

guante

handskar

botón

knapp

gafa

glasögon

brazalete

armband

cadena

halsband

anillo

ring

aro

örhänge

gorra

mössa

percha

galge

sombrero

hatt

corbata

slips

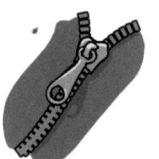

cierre a cremallera

dragkedja

casco

hjälm

tiradores

hängslen

uniforme escolar

skoluniform

uniforme

uniform

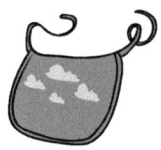

babero

haklapp

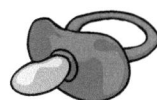

chupete

napp

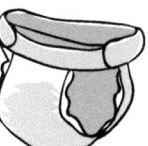

pañal

blöja

oficina
kontor

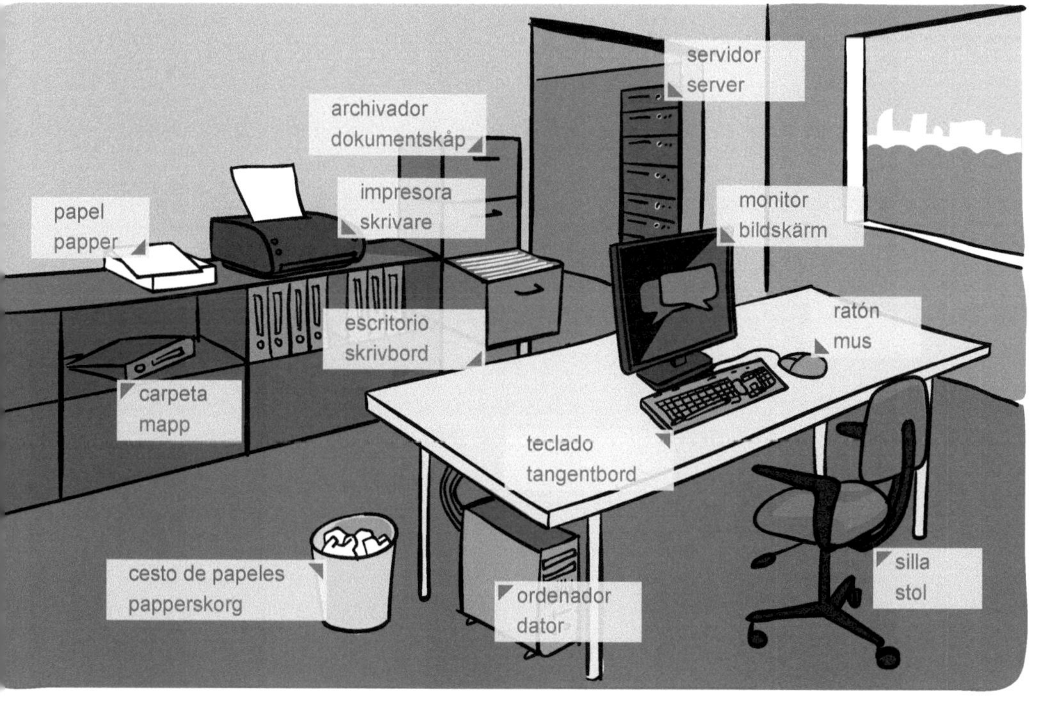
servidor
server
archivador
dokumentskåp
papel
papper
impresora
skrivare
monitor
bildskärm
ratón
mus
escritorio
skrivbord
carpeta
mapp
teclado
tangentbord
cesto de papeles
papperskorg
ordenador
dator
silla
stol

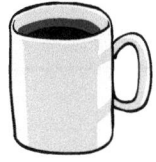

taza de café

kaffemugg

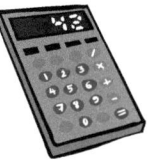

calculadora

miniräknare

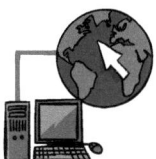

internet

internet

laptop

bärbar dator

carta

brev

mensaje

meddelande

teléfono móvil

mobiltelefon

red

nätverk

fotocopiadora

kopieringsapparat

software

programvara

teléfono

telefon

tomacorriente

vägguttag

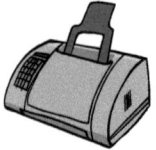

máquina de fax

fax

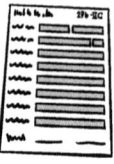

formulario

blankett

documento

dokument

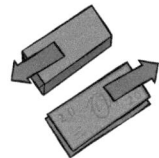

comprar
köpa

pagar
betala

comerciar
handla

dinero
pengar

USD

dólar
dollar

EUR

euro
euro

JPY

yen
yen

RUB

rublo
rubel

CHF

franco
schweizisk franc

CNY

renminbi
renminbi yan

INR

rupia
rupie

cajero automático
bankomat

casa de cambio

växelkontor

oro

guld

plata

silver

petróleo

olja

energía

energi

precio

pris

contrato

kontrakt

impuesto

skatt

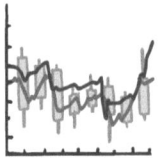

acción

aktie

trabajar

arbeta

empleado

anställd

empleador

arbetsgivare

fábrica

fabrik

negocio

affär

policía
polis

bombero
brandman

cocinero
kock

médico
läkare

píloto
pilot

jardinero
trädgårdsmästare

carpintero
snickare

costurera
sömmerska

juez
domare

químico
kemist

actor
skådespelare

conductor de autobús

busschaufför

taxista

taxichaufför

pescador

fiskare

mujer de la limpieza

städerska

techista

takläggare

camarero

servitör

cazador

jägare

pintor

målare

panadero

bagare

electricista

elektriker

albañil

byggarbetare

ingeniero

ingenjör

carnicero

slaktare

fontanero

rörmokare

cartero

brevbärare

soldado

soldat

arquitecto

arkitekt

cajero

kassör

florista

florist

peluquero

frisör

cobrador

konduktör

mecánico

mekaniker

capitán

kapten

odontólogo

tandläkare

científico

vetenskapsman

rabino

rabbin

imam

imam

monje

munk

párroco

präst

herramientas

verktyg

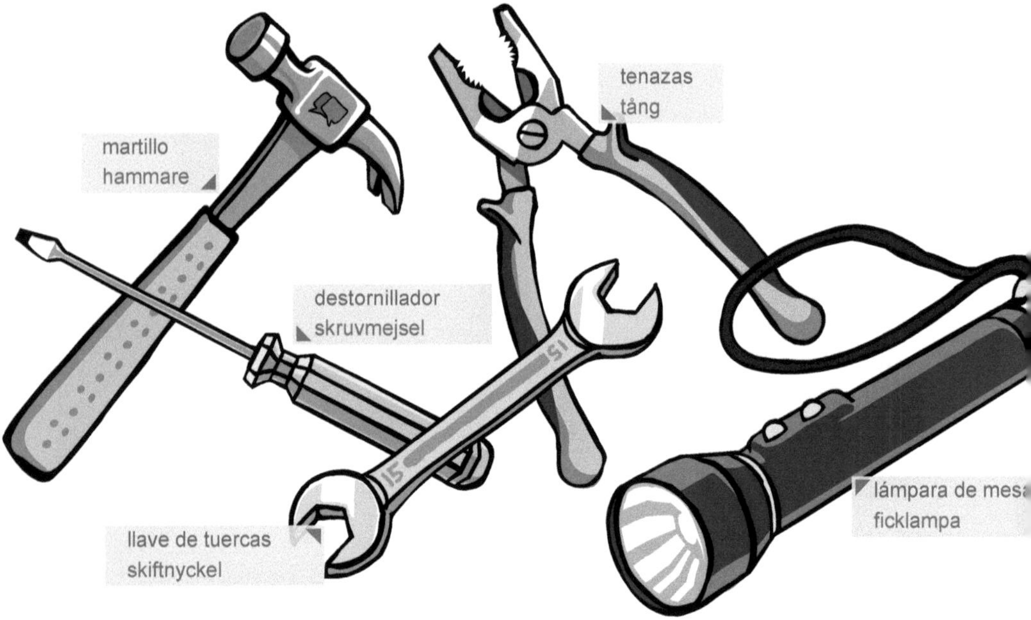
martillo
hammare
tenazas
tång
destornillador
skruvmejsel
llave de tuercas
skiftnyckel
lámpara de mes
ficklampa

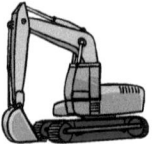

excavadora

grävmaskin

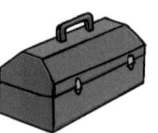

caja de herramientas

verktygslåda

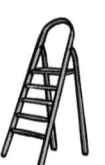

escalerilla

stege

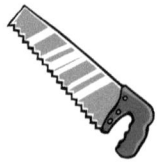

serrucho

såg

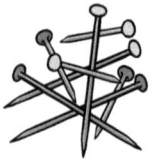

clavos

spik

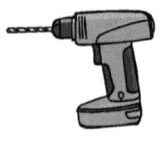

taladro

borr

reparar
....
reparera

pala
....
spade

¡Maldición!
....
Helvete!

recogedor
....
sopskyffel

lata de pintura
....
färgburk

tornillos
....
skruvar

instrumentos musicales

musikinstrument

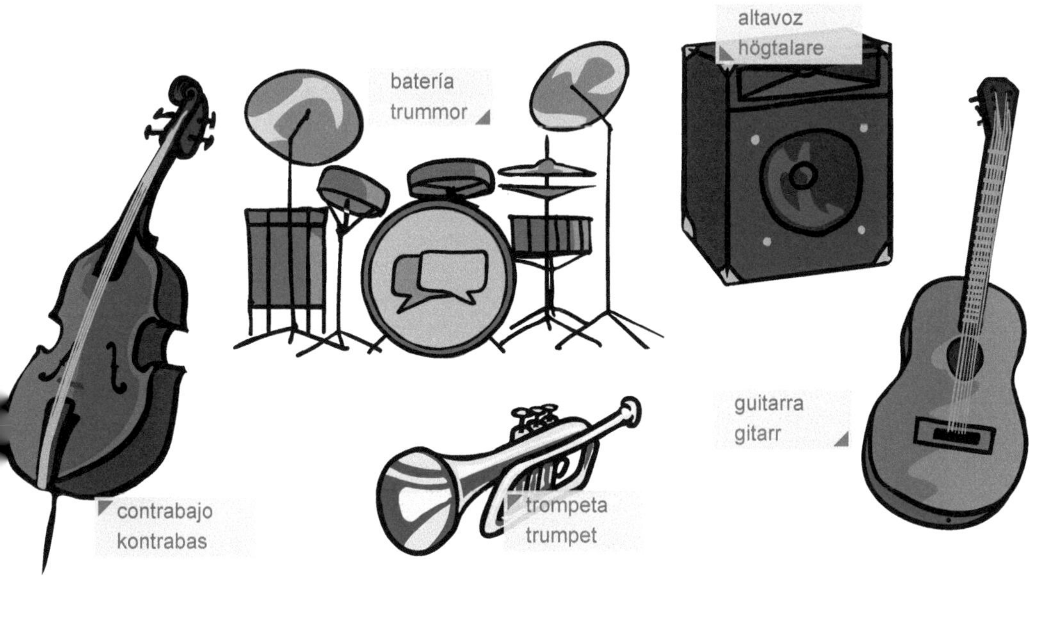

altavoz
högtalare

batería
trummor

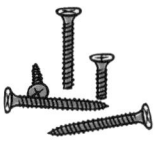

guitarra
gitarr

contrabajo
kontrabas

trompeta
trumpet

piano

piano

violín

violin

bajo

bas

timbales

timpani

tambor

trumma

teclado

keyboard

saxofón

saxofon

flauta

flöjt

micrófono

mikrofon

instrumentos musicales - musikinstrument

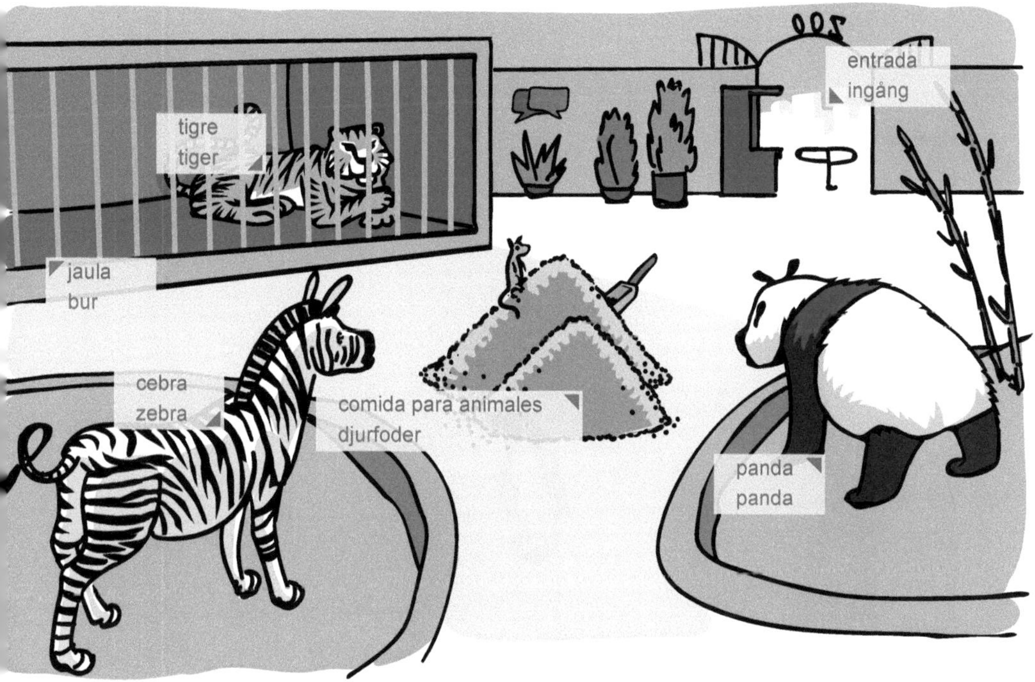

entrada
ingång

tigre
tiger

jaula
bur

cebra
zebra

comida para animales
djurfoder

panda
panda

animales
djur

elefante
elefant

canguro
känguru

rinoceronte
noshörning

gorila
gorilla

oso
björn

camello

kamel

avestruz

struts

león

lejon

mono

apa

flamengo

flamingo

papagayo

papegoja

oso polar

isbjörn

pingüino

pingvin

tiburón

haj

pavo real

páfágel

serpiente

orm

cocodrilo

krokodil

cuidador del zoológico

djurskötare

foca

säl

jaguar

jaguar

zoológico - zoo

pony
ponny

leopardo
leopard

hipopótamo
flodhäst

jirafa
giraff

águila
örn

jabalí
vildsvin

pescado
fisk

tortuga
sköldpadda

morsa
valross

zorro
räv

gacela
gazell

zoológico - zoo

fútbol americano
amerikansk fotboll

ciclismo
cykling

tenis
tennis

baloncesto
basket

natación
simning

boxeo
boxning

hockey sobre hielo
ishockey

fútbol
fotboll

badminton
badminton

atletismo
friidrott

balonmano
handboll

esquí
skidåkning

polo
polo

actividades
aktiviteter

saltar
hoppa
abrazar
krama
reír
skratta
caminar
gå
cantar
sjunga
soñar
drömma
rezar
be
besar
kyssa

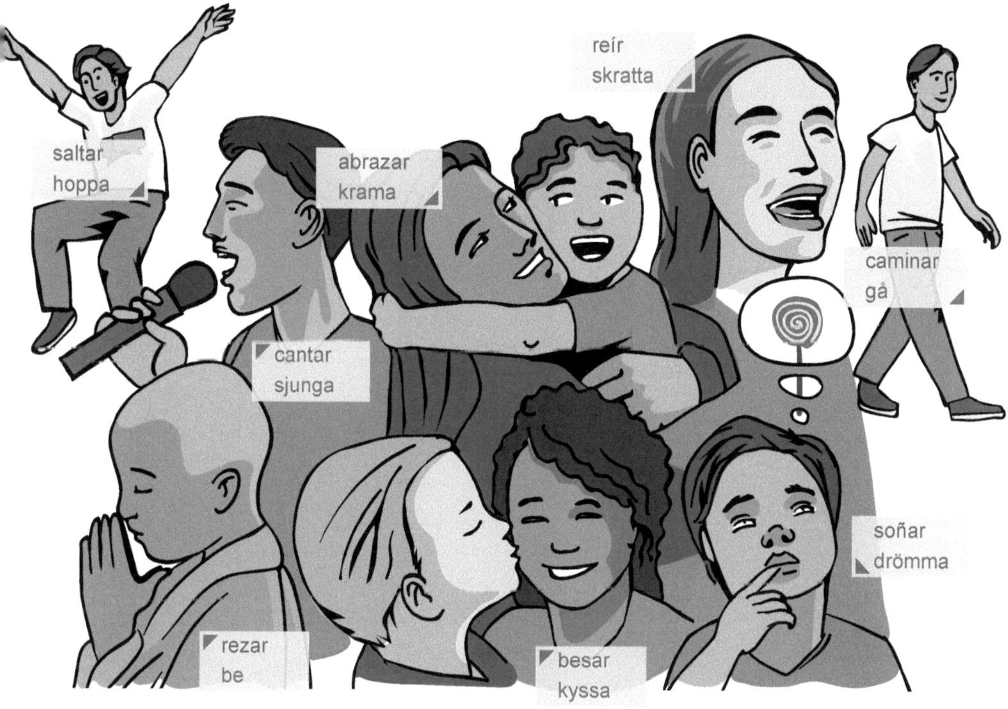

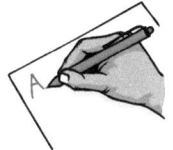

escribir
skriva

dibujar
rita

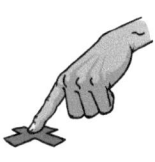

mostrar
visa

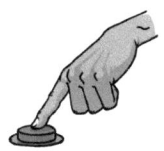

presionar
skjuta

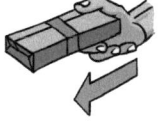

dar
ge

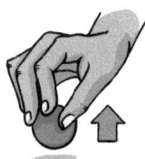

tomar
ta

tener
hagel

hacer
göra

ser
vara

estar de pie
stå

correr
springa

tirar
dra

arrojar
kasta

caer
falla

estar acostado
ligga

esperar
vänta

llevar
bära

estar sentado
sitta

vestirse
klä på

dormir
sova

despertar
vakna

mirar

se på

llorar

gråta

acariciar

smeka

peinarse

kamma

conversar

prata

entender

förstå

preguntar

fråga

oír

höra

beber

dricka

comer

äta

asear

städa

amar

älska

cocinar

laga mat

conducir

köra

volar

flyga

navegar

segla

calcular

räkna

leer

läsa

aprender

lära sig

trabajar

arbeta

casarse

gifta sig

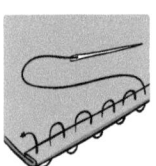

coser

sy

limpiarse los dientes

borsta tänderna

matar

döda

fumar

röka

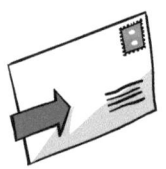

enviar

skicka

abuela
mormor/farmor

abuelo
morfar/farfar

padre
pappa

madre
mamma

bebé
baby

hija
dotter

hijo
son

invitado

gäst

tía

moster/faster

tío

farbror/morbror

hermano

bror

hermana

syster

cuerpo
kropp

frente
panna
ojo
öga
hombro
skuldra
dedo
finger
cara
ansikte
barbilla
haka
mano
hand
pierna
ben
pecho
bröst
brazo
arm

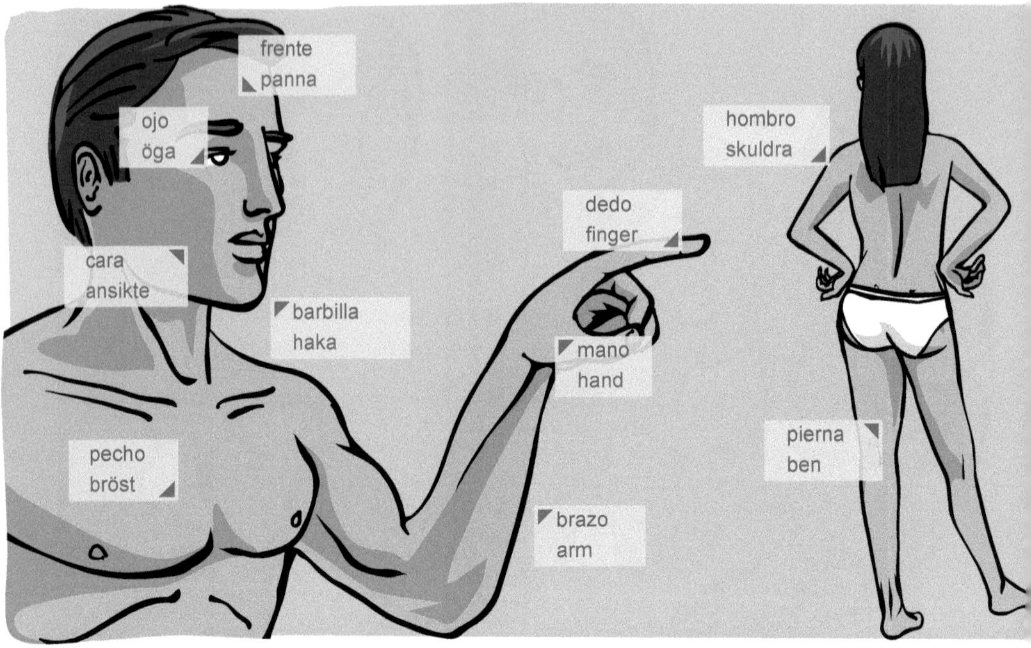

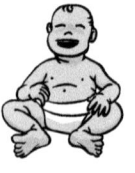

bebé

baby

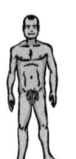

hombre

man

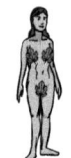

mujer

kvinna

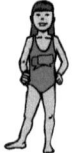

muchacha

flicka

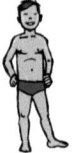

joven

pojke

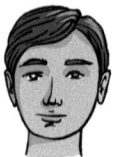

cabeza

huvud

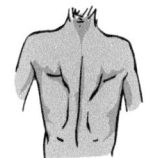

espalda

rygg

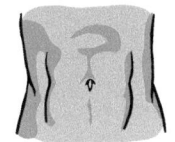

vientre

mage

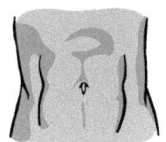

ombligo

navel

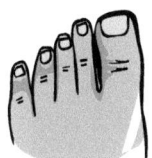

dedo del pie

tå

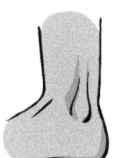

talón

häl

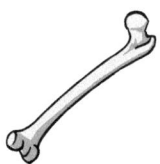

hueso

ben

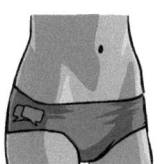

cadera

höft

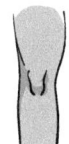

rodilla

knä

codo

armbåge

nariz

näsa

trasero

stjärt

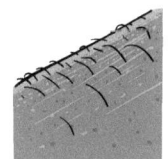

piel

hud

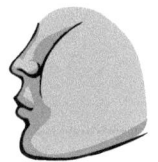

mejilla

kind

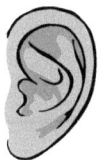

oreja

öra

labio

läpp

boca

mun

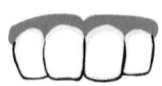

diente

tand

lengua

tunga

cerebro

hjärna

corazón

hjärta

músculo

muskel

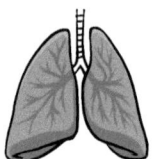

pulmón

lunga

hígado

lever

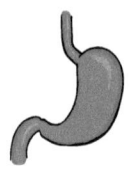

estómago

magsäck

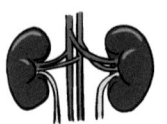

riñones

njurar

relación sexual

sex

condón

kondom

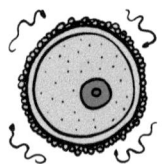

Óvulo

äggcell

esperma

sperma

embarazo

graviditet

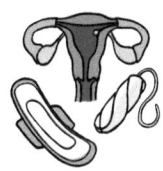

menstruación

menstruation

vagina

vagina

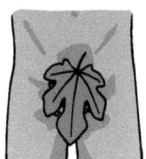

pene

penis

ceja

ögonbryn

cabello

hår

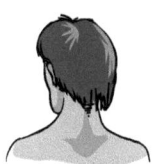

cuello

nacke

hospital
sjukhus

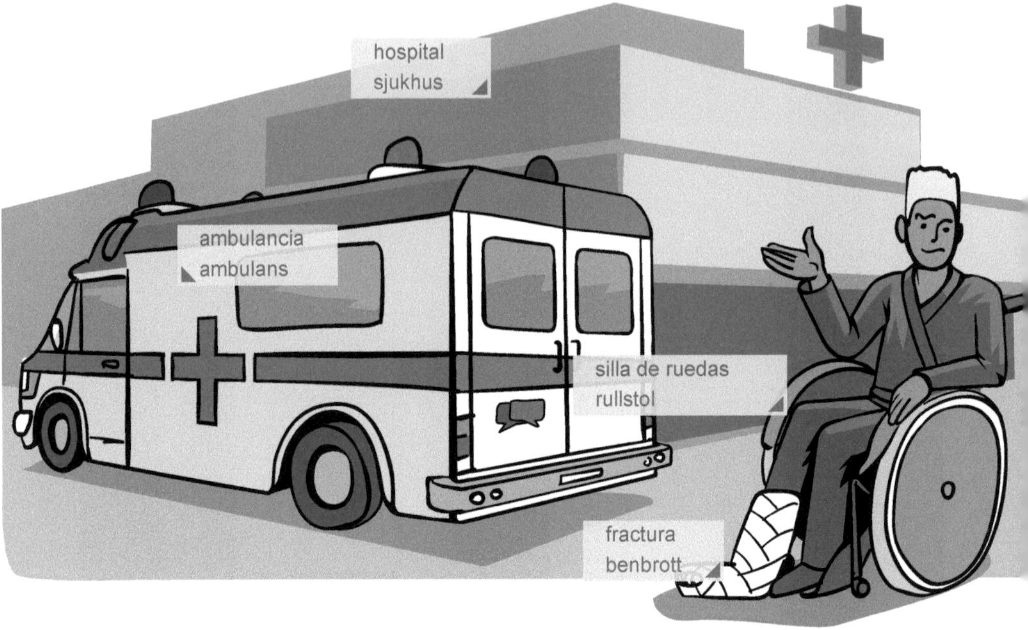

hospital
sjukhus
ambulancia
ambulans
silla de ruedas
rullstol
fractura
benbrott

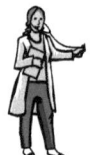

médico

läkare

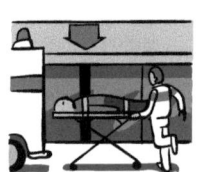

admisión de urgencia

akutmottagning

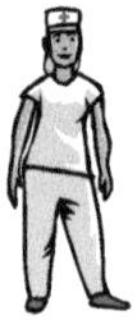

enfermera

sjuksköterska

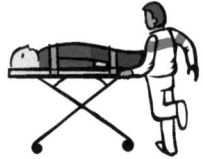

emergencia

nödsituation

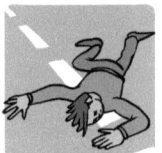

inconsciente

medvetslös

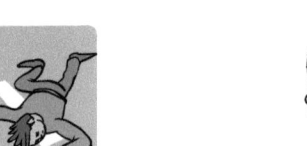

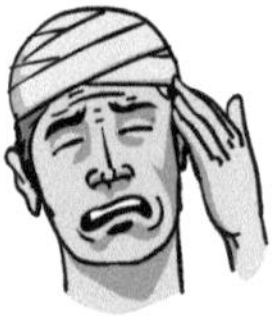

dolor

smärta

lesión

skada

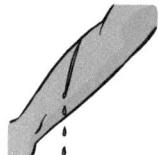

hemorragia

blödning

infarto de miocardio

hjärtattack

apoplejía cerebral

slaganfall

alergia

allergi

tos

hosta

ficbre

feber

gripe

influensa

diarrea

diarré

dolor de cabeza

huvudvärk

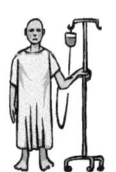

cáncer

cancer

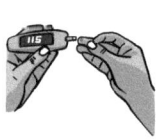

diabetes

diabetes

cirujano

kirurg

escalpelo

skalpell

operación

operation

TC
CT

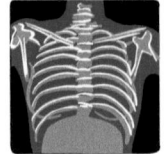

rayos X
röntgen

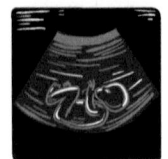

ultrasonido
ultraljud

máscara
ansiktsmask

enfermedad
sjukdom

sala de espera
väntsal

muleta
krycka

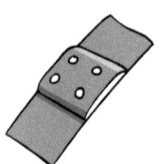

emplasto
plåster

vendaje
bandage

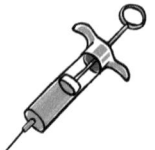

inyección
injektion

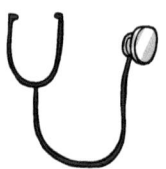

estetoscopio
stetoskop

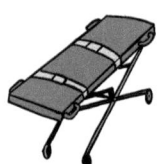

camilla
bår

termómetro
termometer

nacimiento
födsel

sobrepeso
övervikt

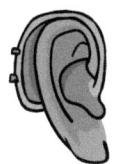

audífono

hörapparat

desinfectante

desinfektionsmedel

infección

infektion

virus

virus

VIH / SIDA

HIV / AIDS

medicina

medicin

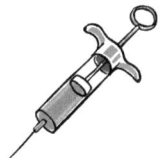

vacunación

vaccination

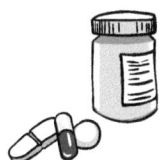

comprimido

tabletter

píldora anticonceptiva

p-piller

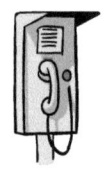

llamada de emergencia

nödsamtal

medidor de presión arterial

blodtrycksmätare

enfermo / saludable

sjuk / frisk

¡Ayuda!

Hjälp!

alarma

alarm

asalto

överfall

ataque

misshandel

peligro

fara

salida de emergencia

nödutgång

¡Fuego!

Det brinner!

extintor

brandsläckare

accidente

olycka

kit de primeros auxilios

förbandslåda

SOS

SOS

Policía

polis

Europa

Europa

América del Norte

Nordamerika

América del Sur

Sydamerika

África

Afrika

Asia

Asien

Australia

Australien

Atlántico

Atlanten

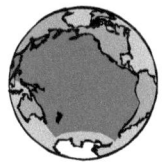

Pacífico

Stilla Havet

Océano Índico

Indiska Oceanen

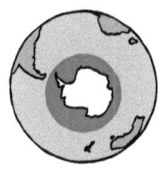

Océano Antártico

Antarktiska Oceanen

Océano Ártico

Arktiska Oceanen

Polo Norte

Nordpol

Polo Sur

Sydpol

Antártida

Antarktis

Tierra

Jorden

país

land

mar

hav

isla

ö

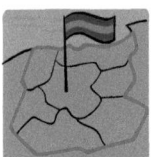

nación

nation

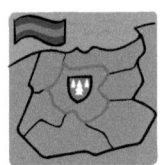

Estado

stat

cuadrante
urtavla

horario
timvisare

minutero
minutvisare

segundero
sekundvisare

¿Qué hora es?
Vad är klockan?

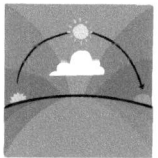

día
dag

tiempo
tid

ahora
nu

reloj digital
digital klocka

minuto
minut

hora
timme

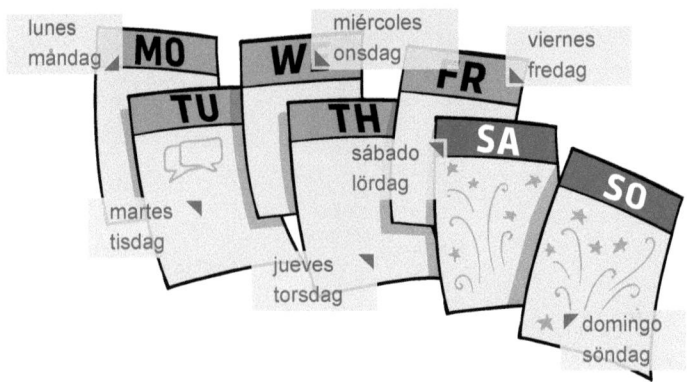

lunes
måndag

miércoles
onsdag

viernes
fredag

martes
tisdag

sábado
lördag

jueves
torsdag

domingo
söndag

ayer

igår

hoy

idag

mañana

imorgon

mañana

morgon

mediodía

middag

tarde

kväll

MO	TU	WE	TH	FR	SA	SU
1	2	3	4	5	6	7
8	9	10	11	12	13	14
15	16	17	18	19	20	21
22	23	24	25	26	27	28
29	30	31	1	2	3	4

jornada de trabajo

vardagar

MO	TU	WE	TH	FR	SA	SU
1	2	3	4	5	6	7
8	9	10	11	12	13	14
15	16	17	18	19	20	21
22	23	24	25	26	27	28
29	30	31	1	2	3	4

fin de semana

helg

año

år

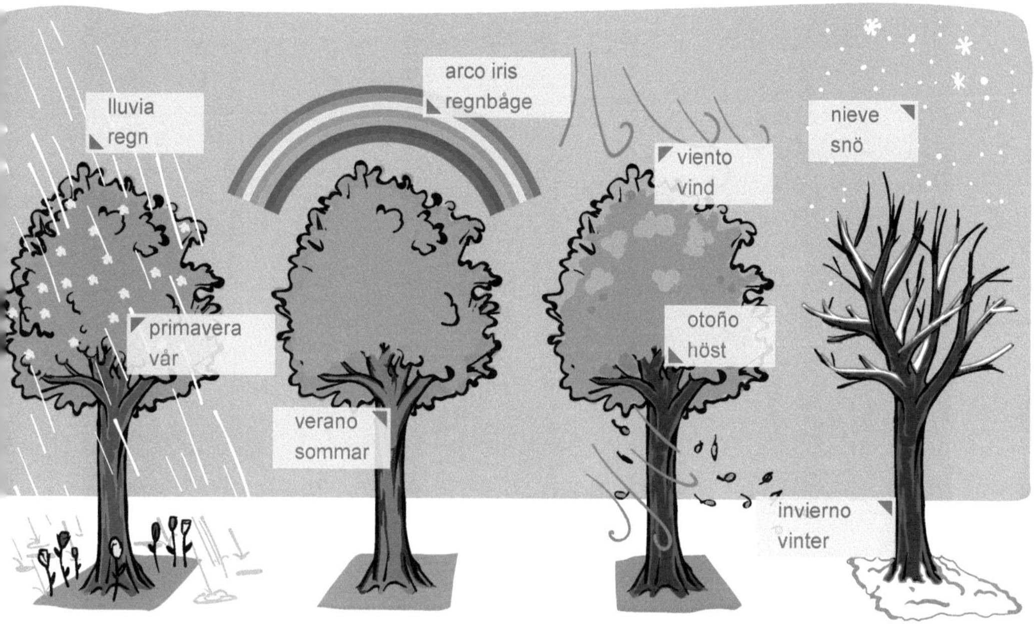

lluvia
regn
arco iris
regnbåge
viento
vind
nieve
snö
primavera
vår
otoño
höst
verano
sommar
invierno
vinter

4.APRIL 11°
5.APRIL 4°
6.APRIL 13°
7.APRIL 8°
8.APRIL 10°

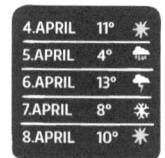

pronóstico meteorológico

väderprognos

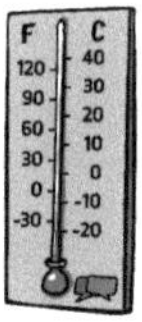

F
C
120
90
60
30
0
-30
40
30
20
10
0
-10
-20

termómetro

termometer

luz solar

solsken

nube

moln

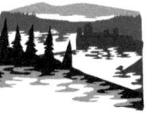

niebla

dimma

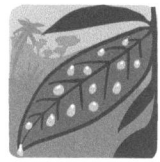

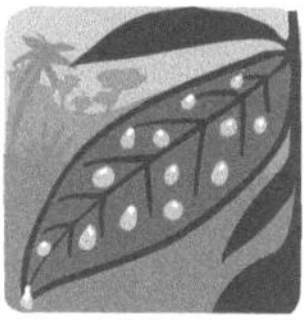

humedad ambiente

luftfuktighet

relámpago

blixt

trueno

áska

tormenta

storm

granizo

hagel

monzón

monsun

inundación

översvämning

hielo

is

enero

januari

febrero

februari

marzo

mars

abril

april

mayo

maj

junio

juni

julio

juli

agosto

augusti

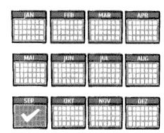

septiembre
....
september

octubre
....
oktober

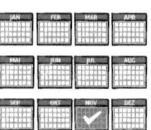

noviembre
....
november

diciembre
....
december

formas
former

círculo
....
cirkel

cuadrado
....
kvadrat

rectángulo
....
rektangel

triángulo
....
triangel

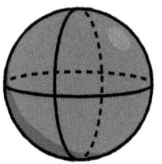

esfera
....
sfär

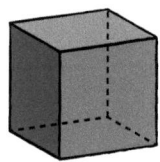

cubo
....
kub

blanco

vit

amarillo

gul

anaranjado

orange

rosa

rosa

rojo

röd

lila

lila

azul

blå

verde

grön

marrón

brun

gris

grå

negro

svart

mucho / poco

mycket / lite

enojado / calmado

arg / lugn

bonito / feo

vacker / ful

comienzo / fin

början / slut

grande / pequeño

stor / liten

claro / oscuro

ljus / mörk

hermano / hermana

bror / syster

limpio / sucio

ren / smutsig

completo / incompleto

komplett / ofullständig

día / noche

dag / natt

muerto / vivo

död / levande

ancho / angosto

bred / smal

disfrutable / no disfrutable

ätlig / oätlig

malo / amigable

ond / god

excitado / aburrido

upphetsad / uttråkad

gordo / delgado

tjock / smal

primero / último

först / sist

amigo / enemigo

vän / fiende

lleno / vacío

full / tom

duro / suave

hård / mjuk

pesado / liviano

tung / lätt

hambre / sed

hunger / törst

enfermo / saludable

sjuk / frisk

ilegal / legal

olaglig / laglig

inteligente / tonto

intelligent / dum

izquierda / derecha

vänster / höger

cercano / lejano

nära / långt bort

nuevo / usado

ny / begagnad

nada / algo

inget / något

viejo / joven

gammal / ung

encendido / apagado

på / av

abierto / cerrado

öppen / stängd

bajo / fuerte

tyst / högljudd

rico / pobre

rik / fattig

correcto / incorrecto

rätt / fel

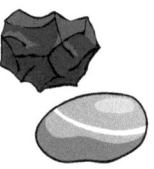

áspero / liso

grov / slät

triste / alegre

ledsen / glad

breve / extenso

kort / lång

lento / veloz

långsam / snabb

mojado / seco

våt / torr

caliente / frío

varm / sval

guerra / paz

krig / fred

opuestos - motsatser

0

cero

noll

1

uno

ett

2

dos

två

3

tres

tre

4

cuatro

fyra

5

cinco

fem

6

seis

sex

7

siete

sju

8

ocho

åtta

9

nueve

nio

10

diez

tio

11

once

elva

12
doce
tolv

13
trece
tretton

14
catorce
fjorton

15
quince
femton

16
dieciséis
sexton

17
diecisiete
sjutton

18
dieciocho
arton

19
diecinueve
nitton

20
veinte
tjugo

100
cien
hundra

1.000
mil
tusen

1.000.000
millón
miljon

inglés
engelska

inglés estadounidense
amerikansk engelska

chino mandarín
kinesisk mandarin

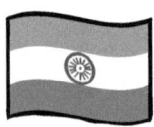

hindi
hindi

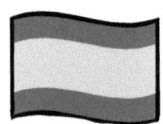

español
spanska

francés
franska

árabe
arabiska

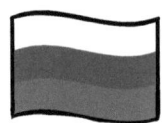

ruso
ryska

portugués
portugisiska

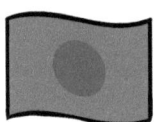

bengalí
bengali

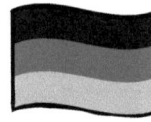

alemán
tyska

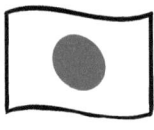

japonés
japanska

yo

jag

tú

du

él / ella

han / hon / den (det)

nosotros

vi

vosotros

ni

ellos

de

¿quién?

vem?

¿qué?

vad?

¿cómo?

hur?

¿dónde?

var?

¿cuándo?

när?

nombre

namn

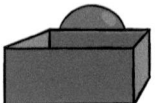

detrás

bakom

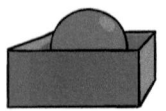

en

i

delante de

framför

encima de

över

sobre

på

debajo de

under

junto a

bredvid

entre

mellan

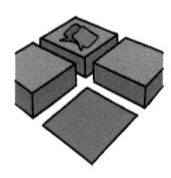

lugar

plats